NATURAL PHILOSOPHY BY WILLIAM HENRY DRUMMOND

Natural Philosophy by William Henry Drummond

Very offen I be it'inkin' of de queer folk goin' roun',
And way day kip a-talkin' of de hard tam get along
May have plain tee money too, an' de healt' be good an' soun'
But you 'll fin' dere 's alway somet'ing goin wrong
'Course dere may be many reason wy some feller ought to fret
But me, I 'm alway singin' de only song I know
'T is n't long enough for music, an' so short you can't forget,
But it drive away de lonesome, an' dis is how she go,
"Jus' tak' your chance, an' try your luck."
Funny feller 's w'at dey call me"so diff'ren' from de res',"
But ev'rybody got hees fault, as far as I can see
An' all de t'ing I 'm doin', I do it for de bes',
Dough w'en I 'm bettin' on a race, dat 's often loss for me
"Oho!" I say, "Alphonse ma frien', to-day is not your day,
For more you got your money up, de less your trotter go
But never min' an' don't lie down," dat 's w'at I alway say,
An' sing de sam' ole song some more, mebbe a leetle slow
"Jus' tak' your chance, an' try your luck."
S'pose ma uncle die an' let me honder-dollar, mebbe two
An' I don't tak' hees advicemefor put heem on de bank
'Stead o' dat, some lot'rie ticket, to see w'at I can do,
An' purty soon I 'm findin' out dey 're w'at you call de blank
Wall! de bank she might bus' up deresomet'ing might go wrong
Dem feller, w'en dey get it, mebbe skip before de night
Can't tellden w'ere 's your money? So I sing ma leetle song
An' don't boder wit' de w'isky, an' again I feel all right,
"Jus' tak' your chance, an' try your luck."
If you 're goin' to mak' de marry, kip a look out on de eye,
But no matter how you 're careful, it was risky anyhow
An' if you 're too unlucky, jus' remember how you try
For gettin' dat poor woman, dough she may have got you now
All de sam', it sometam happen dat your wife will pass away
No use cryin', you can't help itdere 's your duty to you'se'f

You don't need to ax de neighbor, dey will tell you ev'ry day
Start again lak hones' feller, for dere's plaintee woman lef'
"Jus' tak' your chance, an' try your luck."
Poor man lak me, I 'm not'ing: only w'en election 's dere,
An' ev'rybody 's waitin' to ketch you by de t'roat
De money I be makin' den, wall! dat was mon affaire
An' affer all w'at diff'rence how de poor man mak' de vote?
So I do ma very bes' mewit' de wife an' familee
On de church door Sunday morning, you can see us all parade
Len' a frien' a half a dollar, an' never go on spree
So w'en I 'm comin' diemeno use to be afraid
"Jus' tak' your chance, an' try your luck."

Champlain

"W'ere 'll we go?" says Pierre de Monts,
To hese'f as he walk de forwar' deck,
"For I got ma share of Trois Rivières
An' I never can lak Kebeck
Too moche Nort' Polemaudit! it 's cole
Oh! la! la! de win' blow too.
An' I 'm sure w'at I say, M'sieu Pontgravé
He know very well it 's true.
But here 's de boat, an' we 're all afloat
A honder an' fifty ton
An' look at de lot of man we got,
No better beneat' de sun
Provision, too, for all de crew
An' pries' for to say de prayer,
So mes chers amis, dey can easy see
De vessel mus' pass somew'ere.
If I only know de way to go
For findin' some new an' pleasan' lan',"
But jus' as he spik, he turn roun' quick,
An' dere on de front, sir, stan' de Man.
"You was callin' me, I believe," says he,
As brave as a lion"Tiens!
W'en we reach de sea, an' de ship is free,
You can talk wit' Samuel de Champlain."
Wan look on hees eye an' he know for w'y
Young Samuel spik no more,
So he shake hees han', an' say, "Young man,
Too bad you don't come before;
But now you are here, we 'll geev' t'ree cheer,
An' away w'erever you want to go
For I lak your look an' swear on de Book
You 'll fin' de good frien' on Pierre de Monts."
So de sail 's set tight, an' de win' is right,

For it 's blowin' dem to de wes'
An' dey say deir prayer, for God knows w'ere
De anchor will come to res'
Adieu to de shore dey may see no more
Good-bye to de song an' dance
De girl dey love, an' de star above
Kipin' watch on de lan' of France.
Den it 's "Come below, M'sieu Pierre de Monts,"
Champlain he say to de capitaine
"An' I 'll tell to you, w'at I t'ink is true
Dough purty hard, too, for understan'
I dream a dream an' it alway seem
Dat God hese'f he was say to me
'Rise up, young man, de quick you can
An' sail your ship on de western sea.
"'De way may be long, an' de win' be strong,
An' wave sweep over de leetle boat
But never you min', an' you 're sure to fin',
If you trus' in me, you will kip afloat.'
An' I tak' dat ship, an' I mak' de trip
All on de dream I was tellin' you
An' oh! if you see w'at appear to me,
I wonder w'at you was a-t'inkin' too?
"I come on de lan' w'ere dere 's no w'ite man
I come on de shore w'ere de grass is green
An' de air is clear as de new-born year,
An' of all I was see, dis lan's de Queen
So I 'm satisfy if we only try
An' fin' if dere 's anyt'ing on ma dream,
An' I 'll show de way," Champlain is say
Den Pierre de Monts he is answer heem,
"All right, young man, do de bes' you can
So long you don't bring me near Kebeck
Or Trois Rivières, not moche I care,
An' I hope your dream's comin' out correc'."

So de brave Champlain he was say, "Tres bien,"
An' soon he was boss of de ship an' crew
An' pile on de sail, wedder calm or gale
Oh! dat is de feller know w'at to do.
Don't I see heem dere wit' hees long black hair
On de win' blowin' out behin'
Watchin' de ship as she rise an' dip,
An' always follerin' out de Sign?
An' day affer day I can hear heem say
To de sailor man lonesome for home an' frien',
"Cheer up, mes amis, for soon you will see
De lan' risin' up on de oder en'."
Wall! de tam go by, an' still dey cry
"Oh! bring us back for de familee's sake."
Even Pierre de Monts fin' it leetle slow
An' t'ink mebbe somebody mak' mistake
But he don't geev' in for he 's boun' to win'
De young Champlainan' hees heart grow strong
W'en de voice he hear say, "Never fear;
You won't have to suffer for very long."
Alone on de bow I can see heem now
Wan mornin' in May w'en de sun was rise
Smellin' de air lak a bloodhoun', dere
An' de light of de Heaven shine on hees eyes.
A minute or more he is wait before
He tak' off de hat an' raise hees han'
Den down on de knee, sayin', "Dieu merci!"
He cross hese'f dere, an' I understan'
"Ho! Ho! De Monts! are you down below,
Sleepin' so soun' on de bed somew'ere?
If you 're feelin' well, come up an' tell
W'at kin' of a cloud you be seein' dere."
Den every wan shout w'en de voice ring out
Of de young Champlain on dat summer day,
"Lan'! it is lan'!" cry de sailor man

You can hear dem holler ten mile away.
Port Rossignol is de place dey call
(I 'm sorry dat nam' it was disappear);
An' mos' ev'ry tree dem Frenchman see
Got nice leetle bird singin', "Welcome here."
An' happy dey were, dem voyageurs
An' de laugh come out on de sailors' face
No wonder, too, w'en de shore dey view,
For w'ere can you see it de better place?

******

If you want to fin' w'at is lef' behin'
Of de story I try very hard tell you,
Don't bodder me now or raise de row,
But study de book de sam' I do.

Pro Patria

Was leevin' across on de State Vermont;
W'ere mountain so high you see
Got plaintee to do, so all I want
Is jus' to be quietme
No bodder, no fuss, only work aroun'
On job I don't lak refuse
But affer de familee settle down
It 's come w'at dey call war-news.
De Spanish da-go he was gettin' mad,
An' he 's dangerous l'Espagnol!
An' ev'ry wan say it was lookin' bad,
Not safe on de State at all
So Yankee he 's tryin' for sell hees farm,
An' town 's very moche excite,
Feexin' de gun an' de fire-alarm,
An' ban' playin' ev'ry night.
An' soon dere 's comin', all dress to kill,
Beeg feller from far away,
Shoutin' lak devil on top de hill,
An' dis is de t'ing he say
"Strike for your home an' your own contree!
Strike for your native lan'!
Kip workin' away wit' de spade an' hoe,
Den jump w'en you hear de bugle blow,
For danger 's aroun', above, below,
But de bugle will tell if it 's tam to go."
An' he tak' de flag wit' de star an' stripe,
An' holler out"Look at me!
If any wan touch dat flag, bâ cripe!
He 's dead about wantwot'ree."
Den he pull it aroun' heem few more tam,
An' sit on de rockin' chair,
Till somebody cheer for hees Uncle Sam,

Dough I don't see de ole man dere.
I got a long story for tell dat night
On poor leetle Rose Elmire,
An' she say she 's sorry about de fight
We 're doin' so well down here
But it 's not our fault an' we can't help dat,
De law she is made for all,
So our duty is wait for de rat-tat-tat
Of drum an' de bugle call.
An' it 's busy week for Elmire an' me,
I 'm sure you 'd pity us too
Workin' so hard lak you never see,
For dere 's plaintee o' job to do
Den half o' de night packin' up de stuff
We got on de small cabane
An' buyin' a horse, dough he cos' enough,
For Yankee 's a hard trade man.
An' how can I sleep if ma wife yell out
"Gédéon, dere she goes!"
An' bang an' tear all de house about
W'en Johnnie is blow hees nose?
Poor leetle chil'ren dey suffer too,
Lyin' upon de floor,
Wit' de bed made up, for dey never go
On de worl' lak dat before.
We got to be ready, of course, an' wait
De chil'ren, de wife, an' me,
For show de Yankee upon de State,
Ba Golly! how smart we be.
You know de game dey call checker-boar'?
Wall! me an' ma wife Elmire,
We 're playin' dat game on de outside door
Wit' leetle wan gader near;
Jus' as de sun on de sky go down
An' mountain dey seem so fine,

Ev'ryt'ing quiet, don't hear a soun',
So I 'm lookin' across de line.
An' I t'ink of de tam I be leevin' dere
On county of Yamachiche,
De swamp on de bush w'ere I ketch de hare
De reever I use to feesh.
An' ma wife Elmire w'en she see de tear,
She cry leetle bit herse'f
Put her han' on ma neck, an' say, "Ma dear,
I 'm sorry we never lef';
But money 's good t'ing, an' dere 's nice folk too,
Leevin' upon Vermont
Got plaintee o' work for me an' you
Is dere anyt'ing more we want?
Dere 's w'at dey 're callin' de war beez-nesse
It 's troublesome t'ing, of course,
But no gettin' off mus' strike wit' de res',
No matter it might be worse
We 're savin' along never lose a day,
An' ready w'en bugle blow"
But dat was de very las' word she say,
For dere it commence to go,
Blowin' away on de mountain dere,
W'ere snow very seldom melts,
Down by de reever an' ev'ryw'ere,
We could n't hear not'ing else
Nobody stop to fin' out de place,
Too busy for dat to-day
But we never forget de law in de case
W'en feller he spik dis way
"Strike for your home an' your own contree!
Strike for your native lan'!
Kip workin' away wit' de spade an' hoe,
Den jump w'en you hear de bugle blow,
For danger 's aroun', above, below,

But de bugle will tell if it 's tam to go."
An' de chil'ren yell, an' de checker-boar'
Don't do her no good at all
An' nobody never jump before
Lak de crowd w'en dey hear de call,
Dat was de familee,bet your life
I 'm prouder, bâ Gosh! to-day
Mese'f, de leetle wan, an' de wife,
Dan anyt'ing I can say
'Cos nobody strike on de way we do
For home an' deir own contree
Wit' fedder bed, stove, de cradle too,
An' ev'ryt'ing else we see
Pilin' de wagon up ten foot high
Goin' along de road
An' de Yankee say as we 're passin' by
Dey never see such a load
So dat 's how we 're comin' to Yamachiche
An' dat 's w'y we 're stayin' here
Jus' to be quiet an' hunt an' feesh,
Not'ing at all to fear
An' if ever you lissen de Yankee folk
Brag an' kick up de fuss
An' say we 're lak cattle upon de yoke,
An' away dey can trot from us

"Jus' tell dem de news of Gédéon Plouffe
How he jump wit' de familee."
Jus' tell dem de news of Gédéon Plouffe
How he jump wit' de familee
An' strike w'en de bugle is raise de roof
For home an' hees own contree.

Getting Stout

Eighteen, an' face lak dew'at 's de good?
Dere 's no use tryin' explain
De way she 's lookin', dat girl Marie
But affer it pass, de rain,
An' sun come out of de cloud behin',
An' laugh on de sky wance more
Wall! dat is de way her eye it shine
W'en she see me upon de door.
An' dere she 's workin' de ole-tam sash,
De fines' wan, too, for sure.
"Who is it for, ma belle Marie
You 're makin' de nice ceinture?
Come out an' sit on de shore below,
For watchin' dem draw de net,
Ketchin' de feesh," an' she answer, "No,
De job is n't finish yet;
"Stan' up, Narcisse, an' we 'll see de fit.
Dat sash it was mak' for you,
For de ole wan 's gettin' on, you know,
An' o' course it 'll never do
If de boy I marry can't go an' spen'
W'at dey 're callin' de weddin' tour
Wit' me, for visitin' all hees frien',
An' not have a nice ceinture."
An' den she measure dat sash on me,
An' I fin' it so long an' wide
I pass it aroun' her, an' dere we stan',
De two of us bote inside
"Could n't be better, ma chère Marie,
Dat sash it is fit so well
It jus' suit you, an' it jus' suit me,
An' bote togeder, ma belle."
So I wear it off on de weddin' tour

An' long after dat also,
An' never a minute I 'm carin' how
De win' of de winter blow
Don't matter de cole an' frosty night
Don't matter de stormy day,
So long as I 'm feex up close an' tight
Wit' de ole ceinture fleché.
An' w'ere 's de woman can beat her now,
Ma own leetle girl Marie?
For we 're marry to-day jus' feefty year
An' never a change I see
But wan t'ing strange, dough I try ma bes'
For measure dat girl wance more,
She say "Go off wit' de foolishness,
Or pass on de outside door.
"You know well enough dat sash get tight
Out on de snow an' wet
Drivin' along on ev'ry place,
Den how can it fit me yet?
Shows w'at a fool you be, Narcisse,
W'enever you go to town;
Better look out, or I call de pries'
For makin' you stan' aroun'."
But me, I 'm sure it was never change,
Dat sash on de feefty year
An' I can't understan' to-day at all,
W'at 's makin' it seem so queer
De sash is de sam', an' woman too,
Can't fool me, I know too well
But woman, of course dey offen do
Some funny t'ing you can't tell!

Doctor Hilaire

A stranger might say if he see heem drink till he almos' fall,
"Doctor lak dat for sick folk, he 's never no use at all,"
But wait till you hear de story dey 're tellin' about heem yet,
An' see if you don't hear somet'ing, mebbe you won't forget.
Twenty odd year she 's marry, Belzemire Lafreniere,
An' oh! but she 's feelin' lonesome 'cos never a sign is dere
Purty long tam for waitin', but poor leetle Belzemire
She 's bad enough now for pay up all of dem twenty year.
Call heem de oldes' doctor, call heem de younges' wan,
Bring dem along, no matter if ev'ry dollar 's gone
T'ree of dem can't do not'ing, workin' for two days dere,
She was a very sick woman, Belzemire Lafreniere.
Pierre he was cryin', cryin' out on de barn behin',
Neighbors tryin' to kip heem goin' right off hees min',
W'en somebody say, "Las' winter, ma wife she is nearly go,
An' who do you t'ink is save her? ev'ry wan surely know.
"Drink? does he drink de w'isky? don't care I 'm hees only frien',
Dere 's only wan answer comin'. Wall! leetle bit now an' den
Doctor Hilaire he tak' it, but if it was me or you
Leevin' on Beausejour dere, w'at are you goin' to do?
"An' so you may t'ank de w'isky, 'cos w'ere 'll he be to-day
If he never is drinkin' not'ing? Many a mile away
Off on de great beeg city, makin' de money quick,
W'ere ev'ry wan want de doctor w'enever he 's leetle sick.
"Remember de way to get heem is tell heem it's bad, bad case,
Or Doctor Hilaire you 'll never see heem upon dis place!
Tell heem dere 's two life waitin', an' sure to be comin' die
Unless he is hurry quicker dan ever de bird can fly.
"T'orty mile crick is runnin' over de road, I 'm sure,
But if you can fin' de crossin' you 'll ketch heem at Beausejour.
Sober or drunk, no matter, bring heem along you mus',
For Doctor Hilaire 's de only man of de lot for us."
Out wit' de quickes' horse den, Ste. Genevieve has got,

An' if ever you show your paces, now is de tam to trot
Johnnie Dufresne is drivin', w'at! never hear tell of heem,
Off on de Yankee circus, an' han'le a ten-horse team?
Dat was de lonesome journey over de mountain high,
Down w'ere de w'ite fog risin' show w'ere de swamp is lie,
An' drive as he can de faster, an' furder away he get,
Johnnie can hear dat woman closer an' closer yet.
Offen he tell about it, not'ing he never do
Geev' heem de funny feelin' Johnnie is goin' t'roo,
But he is sure of wan t'ing, if Belzemire 's comin' die,
Poor woman, she 'd never foller affer heem wit' her cry.
Dat is de t'ing is cheer heem, knowin' she is n't gone,
So he answer de voice a-callin', tellin' her to hol' on,
Till he bring her de help she 's needin' if only she wait a w'ile
Dat is de way he 's doin' all of dem t'orty mile
Lucky he was to-night, too, for place on de crick he got,
Search on de light of day-tam, he could n't fin' better spot,
But jus' as it happen', mebbe acre or two below,
Is place w'ere de ole mail-driver 's drownin' a year ago.
W'ere is de road? he got it, an' very soon Beausejour
Off on de hillside lyin', dere she is, small an' poor,
Lookin' so lak starvation might a' been t'roo de war,
An' dere, on de bar-room sleepin', de man he is lookin' for.
Drunk? he is worse dan ever—poor leetle man! too bad!
Lissen to not'ing neider, but Johnnie is feel so glad
Ketchin' heem dere so easy, 'fore he can answer, "No"
He 's tyin' heem on de buggy, an' off on de road he go
Half o' de journey 's over, half o' de night is pass,
W'en Doctor Hilaire stop swearin', an' start to get quiet at las'
Don't do any good ax Johnnie lettin' heem loose again,
For if any man tak' de chances, would n't be Johnnie Dufresne.
Hooraw for de black horse trotter! hooraw for de feller drive!
An' wan leetle cheer for Belzemire dat 's kipin' herse'f alive
Till Johnnie is bring de doctor, an' carry heem on de door
An' loosen heem out as sober as never he was before.

Quiet inside de house now, quiet de outside too,
Look at each oder smokin', dat 's about all we do;
An' jus' as we feel, ba tonder! no use, we mus' talk or die,
Dere on de house we 're hearin' poor leetle baby's cry.
Dat 's all, but enough for makin' tear comin' down de face,
An' Pierre, if you only see heem jumpin' aroun' de place
You 'd t'ink of a colt in spring-tamden off on de barn we go
W'ere somebody got de bottle for drinkin' de healt', you know.
Takin' it too moche w'isky, is purty hard job to cure,
But only for poor ole w'isky, village of Beausejour
Can never have such a doctor, an' dat 's w'y it aint no tam
Talk very moche agin it, but fill her up jus' de sam'.
An' drink to de baby's moder, here 's to de baby too,
An' Doctor Hilaire, anoder, beeger dan all, for you.
For sober or drunk, no matter, so long as he understan'
It's very bad case is waitin', Doctor Hilaire 's de man.

Barbotte (Bull-pout)

Dere 's some lak dory, an' some lak bass,
    An' plaintee dey mus' have trout
An' w'ite feesh too, dere 's quite a few
    Not satisfy do widout
Very fon' of sucker some folk is, too,
    But for me, you can go an' cut
De w'ole of dem t'roo w'at you call menu,
    So long as I get barbotte
Ho! Ho! for me it 's de nice barbotte.
No fuss to ketch heem—no row at all,
    De sam' as you have wit' bass
Never can tell if you hook heem well,
    An' mebbe he 's gone at las'!
An' trout, wall! any wan 's ketchin' trout
    Dey got to be purty smart
But leetle bull-pout, don't have to look out,
    For dem feller got no heart
Good t'ing, dey ain't got no heart
Dat 's wan of de reason I lak heem too
    For all you have got to do
Is takin' your pole on de feeshin' hole
    An' anchor de ole canoe
Den spit on de worm for luck, an' pass
    De leetle hook up de gut,
An' drop it down slow, jus' a minute or so,
    An' pull up de nice barbotte,
Ha! Ha! de fine leetle fat barbotte.
Pleasan' to lissen upon de spring
    De leetle bird sing hees song,
Wile you watch de line an' look out for sign
    Of mooshrat swimmin' along;
Den tak' it easy an' smoke de pipe,
    An' w'ere is de man has got

More fun dan you on de ole canoe
W'en dey 're bitin', de nice barbotte
De nice leetle fat barbotte.
No runnin' aroun' on de crick for heem,
No jompin' upon de air,
Makin' you sweat till your shirt is wet
An' sorry you 're comin' dere
Foolin' away wit' de rod an' line
Mebbe de affernoon
For sure as he bite he 's dere all right,
An' you 're ketchin' heem very soon
Yass sir! you 're gettin' heem purty soon.
Den tak' heem off home wit' a dozen more
An' skin heem so quick you can,
Fry heem wit' lard, an' you 'll fin' it hard
To say if dere 's on de pan
Such feesh as dat on de worl' before
Since Adam, you know, is shut
Out of de gate w'en he 's comin' home late,
As de nice leetle fat barbotte
Dat 's true, de nice leetle sweet barbotte.

Lyrics and melody of "The Rossignol"

Lyrics and melody of "The Rossignol"Concluded

THE ROSSIGNOL

Air "Sur la Montagne"

Jus' as de sun is tryin'
Climb on de summer sky
Two leetle bird come flyin'
Over de mountain high
Over de mountain, over de mountain,
Hear dem call,
Hear dem call poor leetle rossignol!
Out of de nes' togeder,
Broder an' sister too,
Out on de summer wedder
W'en de w'ole worl' is new
Over de mountain, over de mountain,
Hear dem call,
Hear dem call poor leetle rossignol!
No leetle heart was lighter,
No leetle bird so gay,
Never de sun look brighter
Dan he is look to-day
Over de mountain, over de mountain,
Hear dem call,
Hear dem call poor leetle rossignol!
W'y are dey leave de nes' dere
W'ere dey was still belong?
Better to stay an' res' dere
Until de wing is strong.
Over de mountain, over de mountain,
Hear dem call,
Hear dem call poor leetle rossignol!
W'at is dat watchin' dere now
Up on de maple tall,
Better look out, tak' care now,

Poor leetle rossignol,
Over de mountain, over de mountain,
Hear dem call,
Hear dem callpoor leetle rossignol!
Here dey are comin' near heem
Singin' deir way along
How can dey know to fear heem
Poor leetle bird so young
Over de mountain, over de mountain,
Hear dem call,
Hear dem callpoor leetle rossignol!
Moder won't hear you cryin',
W'at is de use to call,
W'en he is comin' flyin'
Quick as de star is fall?
Over de mountain, over de mountain,
Hear dem call,
Hear dem callpoor leetle rossignol?

Up w'ere de nes' is lyin

High on de cedar bough,
W'ere de young hawk was cryin'
Soon will be quiet now.
Over de mountain, over de mountain,
Hear heem call,
Hear heem callpoor leetle rossignol!
If he had only kissed her,
Poor leetle rossignol!
But he was los' hees sister,
An' it 's alone he call
Over de mountain, over de mountain,
Hear heem call,
Hear heem callpoor leetle rossignol!
Only a day of gladness,
Only a day of song,
Only a night of sadness
Lastin' de w'ole life long.
Over de mountain, over de mountain,
Hear heem call,
Hear heem callpoor leetle rossignol!

Meb-be

A quiet boy was Joe Bedotte,
An' no sign anyw'ere
Of anyt'ing at all he got
Is up to ordinaire
An' w'en de teacher tell heem go
An' tak' a holiday,
For wake heem up, becos' he 's slow,
Poor Joe would only say,
"Wall! meb-be."
Don't bodder no wan on de school
Unless dey bodder heem,
But all de scholar t'ink he 's fool
Or walkin' on a dream
So w'en dey 're closin' on de spring
Of course dey 're moche surprise
Dat Joe is takin' ev'ry-t'ing
Of w'at you call de prize.

"Don't bodder no wan on de school
Unless dey bodder heem."
An' den de teacher say, "Jo-seph,
I know you 're workin' hard
Becos' w'en I am pass mese'f
I see you on de yard
A-splittin' wood—no doubt you stay
An' study half de night?"
An' Joe he spik de sam' ole way
So quiet an' polite,
"Wall! meb-be."
Hees fader an' hees moder die
An' lef' heem dere alone
Wit' chil'ren small enough to cry,
An' farm all rock an' stone

But Joe is fader, moder too,
An' work bote day an' night
An' clear de place—dat 's w'at he do,
An' bring dem up all right.
De Curé say, "Jo-seph, you know
Le bon Dieu 's very good
He feed de small bird on de snow,
De caribou on de wood
But you deserve some credit too
I spik of dis before."
So Joe he dunno w'at to do
An' only say wance more,
"Wall! meb-be."
An' Joe he leev' for many year
An' helpin' ev'ry wan
Upon de parish far an' near
Till all hees money 's gone
An' den de Curé come again
Wit' tear-drop on hees eye
He know for sure poor Joe, hees frien',
Is well prepare to die.
"Wall! Joe, de work you done will tell
W'en you get up above
De good God he will treat you well
An' geev' you all hees love.
De poor an' sick down here below,
I 'm sure dey 'll not forget,"
An' w'at you t'ink he say, poor Joe,
Drawin' hees only breat'?
"Wall! meb-be."

Snubbing (Tying-up) the Raft

Las' night dey 're passin', de golden plover,
Dis mornin' I 'm seein' de bluebird's wing,
So if not'ing go wrong, de winter 's over,
An' not very long till we got de spring.
An' nex' t'ing de reever she 'll start a-hummin',
An' den you 'll hear it, de song an' laugh,
Is tellin' de news, de boys are comin'
Home again on de saw-log raf'.
All very well for see dem swingin'
Roun' de beeg islan' dere on de bay,
Nice t'ing too, for to hear dem singin',
'Cos it mak' me t'ink of de good ole day.
An' meI could lissen dem song forever,
But it is n't so pleasan' w'en evenin' fall,
An' dey 're lookin' for place to stay, an' never
Snub de raf' on ma place at all-
Dat 's de fine cove if dey only know it
Hard to fin' better on St. Maurice,
Up de reever or down below it,
An' house on de hill only leetle piece.
W'at is de reason den, w'en dey fin' dem
Raf' comin' near me, dey all get scare,
An' pull lak de devil was close behin' dem,
An' 'way down de reever to Joe Belair?
Two mile more, wit' de rock an' stone dere,
An' water so shallow can't float canoe,
But ev'ry boy of de gang, he 's goin' dere,
Even de cook, an' de captain too
W'at is de reason, I lak to knowme
Ma own leetle cove 's lyin' empty dere,
An' nobody stop till dey go below me,
Snubbin' de raf' on Joe Belair?
Not'ing lak dat twenty year ago, sir,

W'en voyageurs' comin' from up above,
Dere 's only wan place us feller know, sir,
W'en dey 're goin' ashore, an' dat's de cove.
An' dere on door of de house she 's stan'nin'
To welcome us back, Madame Baribeau,
An' Pierre hese'f, he was on de lan'nin',
Ready for ketchin' de rope we t'row.
An' oh! de girl use to mak' us crazy
For many a fine girl Pierre has got
Right on de jomp toonever lazy,
But Sophie 's de fines' wan of de lot.
MeI was only a comon feller,
An' lovewall! jus' lak de leetle calf,
An' it's true, I 'm sure, w'at dey offen tell her,
I 'm de uglies' man on boar' de raf'.
But Sophie 's so nice an' good shese'f too,
De uglies' man upon all de worl'
Forget hees face an' forget hese'f too,
T'ree minute affer he see dat girl
An' dat 's de reason de chance is better,
For you must n't be t'ink of you'se'f at all,
But t'ink of de girl if you want to get her,
An' so we 're marry upon de fall.
An' purty soon den dey all get started,
For marryin' fever come so strong
W'en de firse wan go, dat dey 're broken-hearted
An' tak' mos' anyt'ing come along.
So Joe Belair, w'en hees house is buil' dere,
He go down de reever wit' Eugenie,
An' place I settle on top de hill dere,
De ole man geev' it to Sophie an' me.
An' along dey come, wan foller de oder,
Dozen o' girlnot a boy at all
Never a girl tak' affer de moder,
But all lak de fader, beeg an' small

A dozen o' girl, of course, no wonder
A few of dem look lak mesapree!
But w'en dey 're comin' dat way, ba tonder!
She 's jus' a leetle too moche for me.
An' Joe Belair, he was down below me,
Funny t'ing too, he is ketch also,
Ev'ryt'ing girlhow it come dunnome
But dey 're all lak de familee Baribeau
Growin' up purty de sam' de moder
An' soon as dey know it along de shore
De boys stop comin', an' never bodder
For snub de raf' on ma place no more
So w'at is de chance ma girl she 's gettin',
Don't care w'ere I look, none at all I see,
No use, I s'pose, kipin' on a-frettin',
Dough it's very hard case poor man lak me.
W'at 'll I do for bring dem here,me?
Can't be blowin' dem to de moon
Or buil' a dam on de reever near me
For fear we 're sure to be drownin' soon.
To-night I can hear hees darn ole fiddle,
Playin' away on Joe Belair
Can hear heem holler, "Pass down de middle
An' dance on your partner over dere."

"To-night I can hear hees darn ole fiddle,
Playin' away on Joe Belair."
Pleasan' t'ing too, for to smell de w'isky
Off on de leetle back roombâ oui
Helpin' de ole folk mak' dem frisky,
Very pleasan' for dem, but not for me
Oh! it mak' me mad, an' I 'm tire tryin'
To show how I feel, an' it 's hard to tell
So I 'll geev' it up, for dere 's no good cryin';
'Sides w'at is de use of a two-mile smell?

Non! I don't go dere if dey all invite me,
Or de worl' itse'f she come to an' en'.
De Bishop hese'f, ba Gosh! can write me,
But Jo-seph Belair, he 's no more ma frien'
Can't fin' me dere if de sky come down, sir,
I rader ma girl she would never dance
But far away, off on de Yankee town, sir,
I 'll tak' dem w'ere mebbe dey have a chance.
An' reever an' cove, dough I 'll not forget dem,
An' voyageurs too, an' Joe Belair,
Can do w'at dey lak, an' me I 'll let dem
Go w'ere dey want to, for I don't care.

A Rainy Day in Camp

A rainy day in camp! how you draw the blankets closer,
As the big drops patter, patter on the shingles overhead,
How you shudder when recalling your wife's "You ought to know, sir,
That it 's dangerous and improper to smoke a pipe in bed."
A rainy day in camp! is it possible to find better?
Tho' the lake is like a caldron, and aloft the thunder rolls;
Yet the old canoe is safely on the shore where you can let her
Stay as long as Jupiter Pluvius in the clouds is punching holes.
A rainy day in camp! and the latest publication
That the mice have left unnibbled, tells you all about "Eclipse,"
How the Derby fell before him, how he beat equine creation,
But the story yields to slumber with the pipe between your lips.
Wake again and turn the pages, where they speak of Lester Wallack
And the heroes of the buskin over thirty years ago
Then in case the damp surroundings cause an inconvenient colic,
What 's the matter with the treatment neutralizing HO?
A rainy day in camp! what an interesting collection,
In this magazine so ancient, of items small and great
The History of the Negro, illustrating every section,
So different from the present White House Colored Fashion Plate!
A rainy day in camp! and you wonder how the C. P.
And the G. T. competition will affect the Golden West
But these problematic matters only tend to make you sleepy,
And again beneath the blankets, like a babe you sink to rest.
Cometh now the giant moose heads, that no eye of man can number
Every rain-drop on the roof-tree is a plunging three-pound trout
Till a musk ox in a snow-drift turns and butts you out of slumber,
And you wake to hear Bateese say, "Dat 's too bad,
de fire 's gone out."
A rainy night in camp! with the blazing logs before us,
Let the wolf howl in the forest and the loon scream on the lake,
Turn them loose, the wild performers of Nature's Opera Chorus
And ask if Civilization can sweeter music make.

Josette

I see Josette on de car to-day,
Leetle Josette Couture,
An' it 's easy tellin' she 's been away
On market of Bonsecour
'Cos dere 's de blueberry on de pail
Wit' more t'ing lyin' about
An' dere 's de basket wit' de tail
Of de chicken stickin' out.
Ev'ry conductor along de road
Help her de bes' he can,
An' I see dem sweat wit' de heavy load,
Many a beeg, strong man
But it 's differen' t'ing w'en she tak' hol',
Leavin' dem watchin' dere
For wedder de win' blow hot or cole
Josette never turn a hair.
Wonderful woman for seexty-five
Smart leetle woman sure!
An' if he 's wantin' to kip alive
On church of de Bonsecour
De pries' he mus' rise 'fore de rooster crow,
Or mebbe he 'll be too late
For seein' dere on de street below,
Josette comin' in de gate.
An' half of de mornin' she don't spen' dere
Hangin' aroun' de pew
Bodderin' God wid de long, long prayer
For bote of dem got to do
Plaintee work 'fore de day's gone by,
An' well she know Josette
No matter how busy an' hard she try,
De work 's never finish yet.
An' well he know it, de habitant,

Who is it ketch heem, w'en
He 's drivin' along from St. Laurent
For it 's easier bargain den
'Cos if de habitant only sole
De whole of hees load dat way
Of course he 's savin' de market toll
An' not'ing at all to pay.
Dey call her ole maid, but I can't tellme
De chil'ren she has got:
No fader, no moder, dat 's way dey be
You never see such a lot
An' if you ax how she fin' de clothes
An' food for de young wan dere
She say: "Wit' de help of God, I s'pose;
An' de leetle shop down stair."
Comin' an' goin' mos' all de tam,
Helpin' dem all along,
Jus' lak de ole sheep watch de lamb
Till dey are beeg an' strong
Not'ing lak dat I be seein' yet,
An' it 's hard to beat for sure
She say: "Wit' de help of God, I s'pose;
An' de leetle shop down stair."

"So dat 's de reason dey call Josette
Leetle sister of de poor."
Comin' an' goin' mos' all de tam,
Helpin' dem all along,
Jus' lak de ole sheep watch de lamb
Till dey are beeg an' strong
Not'ing lak dat I be seein' yet,
An' it 's hard to beat for sure
So dat 's de reason dey call Josette
Leetle Sister of de poor.

Josette

Joe Boucher

Air "Car si mon moine."

Joe Boucher was a frien' of mine,
Joe Boucher was a happy man,
Till he tell a young girl he 'd lak to fin'
Some nice leetle wife for hees new cabane.
Now he 's los' hees life too,
All on account of de wife too,
An' I know you 'll be sorry 'bout dat poor feller,
I know you 'll be sorry for Joe Boucher.
De nam' dat girl she 's Azeel-daw,
An' purty good worker, too, dey say
She don't lose chance for a brave garçon,
An' so she marry Joe Boucher.
Now he 's los' hees life too,
All on account of de wife too,
An' I know you 'll be sorry 'bout dat poor feller,
I know you 'll be sorry for Joe Boucher.
Den off on de wood poor Joe he lef',
An' w'en he 's home wit' de bird in spring,
An' fin' leetle feller jus' lak hese'f,
Mebbe Joe don't dance an' Joe don't sing!
Now he 's los' hees life too,
All on account of hees wife too,
An' I know you 'll be sorry 'bout dat poor feller,
I know you 'll be sorry for Joe Boucher.
Dat 's all very well till de fall come along,
An' Joe got to go on de bush encore,
But w'en he come back he sing no song,
For dere was two leetle baby more.
Now he 's los' hees life too,

All on account of de wife too,
An' I know you 'll be sorry 'bout dat poor feller,
I know you 'll be sorry for Joe Boucher.
He don't say not'ing, but he t'ink beeg lot,
An' won't tak' a drink for two, t'ree day,
But not moche money poor Joe he got,
So off on de reever he 's goin' away.
Now he 's los' hees life too,
All on account of de wife too,
An' I know you 'll be sorry 'bout dat poor feller,
I know you 'll be sorry for Joe Boucher.
W'en May come along dat beau garçon
He 's only gettin' anoder scare
For he know by de smile on Azeel-daw
She got t'ree fine new baby dere.
Now he 's los' hees life too,
All on account of de wife too,
An' I know you 'll be sorry 'bout dat poor feller,
I know you 'll be sorry for Joe Boucher.
So he kill hese'f dead, dat beau garçon
He work so hard for de familee,
An' he say, "Too bad, but Azeel-daw,
I 'm sorry she marry poor man lak me."
Now he 's los' hees life too,
All on account of hees wife too,
An' I know you 'll be sorry 'bout dat poor feller,
I know you 'll be sorry for Joe Boucher.
Now I know very well dat all poor man
He tak' some chance w'en he get marie,
So he better look out all de bes' he can,
Or he 'll be ketch lak Joe Boucher
Now he 's los' hees life too,
All on account of de wife too,
An' I know you 'll be sorry 'bout dat poor feller,
I know you 'll be sorry for Joe Boucher.

Charmette

Away off back on de mountain-side,
Not easy t'ing fin' de spot,
W'ere de lake below is long an' wide,
A nice leetle place I got,
Mebbe ten foot deep by twenty-two,
An' if you see it, I bet
You 'll not be surprise w'en I tole to you
I chrissen dat place Charmette.
Dat 's purty beeg word, Charmette, for go
On poor leetle house so small,
Wit' only wan chimley, a winder or so,
An' no galerie at all
But I want beeg word, so de worl' will know
W'at dat place it was mean to me,
An' dere on de book of Jean Jacques Rousseau,
Charmette is de nam' I see.
O ma dear Charmette! an' de stove is dere,
(Good stove) an' de wood-pile too.
An' stretch out your finger mos' anyw'ere,
Dere 's plaintee for comfort you
You 're hongry? wall! you got pork an' bean,
Mak' you feel lak Edouard de King
You 're torsty? Jus' look dere behin' de screen,
An' mebbe you fin' somet'ing
Ha! Ha! you got it. Ma dear Charmette.
Dere 's many fine place, dat 's true,
If you travel aroun' de worl', but yet
W'ere is de place lak you?
Open de door, don't kip it close
W'at 's air of de mornin' for?
Would you fassen de door on de win' dat blows
Over God's own boulevard?
You see dat lake? Wall! I alway hate

To bragbut she 's full of trout,
So full dey can't jump togeder, but wait
An' tak' deir chance, turn about
An' if you be campin' up dere above,
De mountain would be so high,
Very offen de camp you 'd have to move,
Or how can de moon pass by?
"You see dat lake? Wall! I alway hate
To brag--but she 's full of trout."

It 's wonderful place for sure, Charmette,
An' ev'ry wan say to me
I got all de pleasure de man can get
'Cept de wife an' de familee
But somebody else can marry ma wife,
Have de familee too also,
W'at more do I want, so long ma life
Was spare to me here below?
For we can't be happier dan we been
Over twenty year, no siree!
An' if ever de stranger come between
De leetle Charmette an' me,
Den all I can say is, kip out de way,
For dynamite sure I 'll get,
An' affer dat you can hunt all day
For me an' ma dear Charmette.

Lac Souci

Talk about lakes! dere 's none dat lies in
Laurentide mountain or near de sea,
W'en de star 's gone off an' de sun is risin',
Can touch w'at dey call it Lac Souci,
Restin' dere wit' de woods behin' her,
Sleepin' dere t'roo de summer night
But watch her affer de mornin's fin' her,
An' over de hill-top shine de light.
See w'ere de shadder sweep de water,
Pine tree an' cloud, how dey come an' go;
Careful now, an' you 'll see de otter
Slidin' into de pool below
Look at de loon w'en de breeze is ketch heem
Shakin' hese'f as he cock de eye!
Takes a nice leetle win' to fetch heem,
So he 's gettin' a chance to fly.
Every bird dey mus' kip behin' heem
W'en he 's only jus' flap de wing,
Ah! dere he 's goin'but never min' heem,
For lissen de robin begin to sing
Trout 's comin' up too!dat 's beeg rise dere,
Four of dem! Golly! it 's purty hard case,
No rod here, an' dey 're all good size dere!
Don't ax me not'ing about de place.
No use nobody goin' murder
T'ree an' four pounder lak dat, siree!
Wall! if you promise it won't go furder
I 'll tole you nex' summerbimebymebbe
W'at is dat movin' among de spruce dere?
Sure as I 'm livin' dere 's 'noder wan too
Offen enough I 'm gettin' a moose dere,
Non!it 's only a couple of caribou.
Black duck so early? See how dey all come,

Wan leetle family roun' de ben'
Let dem enjoy it, wait till de fall come,
Dey won't be feelin' so happy den!
Smoke on de mountain? Yass, I can smell her
Who is it now, Jean Bateese Boucher?
Geev' me some tam, an' I 'll feex dat feller
Shootin' de moose on de summer day.
W'at do you t'ink of a sapree beaver
Hittin' hees tail on de lake dat way?
Ought to be home wit' hees wife—not leave her
Workin' away on de house all day
Funny t'ing, too, how he alway fin' me
Sailin' along on de ole canoe,
Lookin' for sign—den bang! behin' me
An' down on de water—dat's w'at he do.
Otter feeshin' an' bob cat cryin'
Up on de sky de beeg black hawk
Down on de swamp w'ere a dead log 's lyin',
Pa'tridge doin' hees own cake-walk!
If you never was see dem, hear dem
Tak' leetle tour on de Lac Souci,
An' w'enever you 're comin' near dem,
You 're goin' crazy de sam' as me.
Talk about lakes of every nation,
Talk about water of any kin',
Don't matter you go over all creation
De Lac Souci she can beat dem blin'.
Happy to leev an' happy to die dere
But Heaven itself won't satisfy me,
Till I fin' leetle hole off on de sky dere
W'ere I can be lookin' on Lac Souci!

Poirier's Rooster

"W'at's dat? de ole man gone, you say?
Wall! Wall! he mus' be sick,
For w'en he pass de oder day,
He walk along widout de stick,
Lak twenty year or so
Fine healt'y man, ole Telesphore,
I never see heem sick before,
Some rheumateez, but not'ing more
Please tell me how he go."
You 're right, no common t'ing for sure
Is kill heem lak de res';
No sir! de man was voyageur
Upon de Grande Nor' Wes'
Until he settle here
Is not de feller 's goin' die
Before he 's ready by an' bye,
So if you want de reason w'y
I 'll tell you, never fear.
You know how moche he lak to spik
An' tole us ev'ryt'ing about
De way de French can alway lick
An' pull de w'ole worl' inside out,
Poor Telesphore Cadotte!
He 's knowin' all de victory,
An' braves' t'ing was never be,
To hear heem talk, it 's easy see
He 's firse-class patriot.
Hees leetle shoe store ev'ry night
Can hardly hol' de crowd of folk
Dat come to lissen on de fight,
An' w'en you see de pile of smoke
An' hear ole Telesphore
Hammer de boot upon hees knee,

You t'ink of course of Chateauguay,
An' feel dat 's two, t'ree enemy
Don't bodder us no more.
But oh! dat evening w'en he sen'
De call aroun' for come en masse,
An' den he say, "Ma dear ole frien',
Dere 's somet'ing funny come to pass,
I lak you all to hear
You know dat Waterloo affair?
H-s-s-h! don't get excite, you was n't dere
All quiet? Wall! I 'll mak' it square,
So lissen on your ear.
"I 'm readin' on de book to-day
(Some book, dey say, was guarantee),
An' half a dollar too I pay,
But cheap, because it 's tellin' me
De t'ing I 'm glad to know
Of course de w'ole worl' understan'
Napoleon fight de bes' he can,
But he 's not French at all, dat man,
But leetle small Da-go.
"Anoder t'ing was mak' it show
Dere 's not'ing new below de sun,
Is w'en I 'm findin' as I go
Dat feller dey call Welling-ton,
He 's English? No siree!
But only maudit Irlandais!
(Dat 's right! dey 're alway in de way,
Dem Irish folk), an' so I say
I 'm satisfy for me.
"It 's not our fault, dat 's all explain
Dere 's no use talk of Waterloo,
Not our affair" an' off again
He hammer, hammer on de shoe,
An' don't say not'ing more,

But w'issle "Madame Isabeau,"
Good news lak dat is cheer heem so
Den tak' a drink before we go,
De poor ole Telesphore!
An' now he 's gone! Wall! I dunno,
Can't say he 's better off meb-be,
Don't work so hard on w'ere he go
Dat 's wan t'ing sure I 'm t'inkin' me
Unless he los' hees track.
But w'en dat boy come runnin' in
De leetle shop, an' start begin
On Poirier's rooster, how he win
I lak to break hees back.
Poor Telesphore was tellin' how
Joe Monferrand can't go to sleep,
Until he 's kickin' up de row,
Den pile dem nearly ten foot deep,
Dem English sojer man
Can't blame de crowd dey all hooraw,
For bes' man on de Ottawaw,
An' geev' t'ree cheer for Canadaw,
De very bes' dey can.
An' Telesphore again he start
For tell de story leetle more,
Anoder wan before we part,
W'en bang! a small boy t'roo de door
On w'at you call "full pelt,"
Is yellin' till it reach de skies,
"Poirier's rooster got de prize,
Poirier's rooster got de prize,
An' win de Champion belt!"
An' sure enough, he beat dem all,
Joe Poirier's leetle red game bird,
On beeges' show dey have dis fall,
De Yankee rooster only t'ird

An' Irish number two
We hear a jump, an' Telesphore
I never see de lak before
He flap hees wing upon de floor
An' cock a doodle doo!
Dat 's finish heem, he 's gone at las',
An' never come aroun' again
We 'll miss heem w'en we 're goin' pas',
An' see no light upon de pane
But pleasure we have got,
We 'll kip it on de memory yet,
An' dough of course we 'll offen fret,
Dere 's wan t'ing sure, we 'll not forget
Poor Telesphore Cadotte!

Dominique

You dunno ma leetle boy Dominique?
Never see heem runnin' roun' about de place?
'Cos I want to get advice how to kip heem lookin' nice,
So he won't be alway dirty on de face
Now dat leetle boy of mine, Dominique,
If you wash heem an' you sen' heem off to school,
But instead of goin' dere, he was playin' fox an' hare
Can you tell me how to stop de leetle fool?
"I 'd tak' dat leetle feller Dominique,
An' I 'd put heem on de cellar ev'ry day,
An' for workin' out a cure, bread an' water 's very sure,
You can bet he mak' de promise not to play!"
Dat 's very well to say, but ma leetle Dominique
W'en de jacket we put on heem 's only new,
An' he 's goin' travel roun' on de medder up an' down,
Wit' de strawberry on hees pocket runnin' t'roo,
An' w'en he climb de fence, see de hole upon hees pant,
No wonder hees poor moder 's feelin' mad!
So if you ketch heem den, w'at you want to do, ma frien'?
Tell me quickly an' before he get too bad.
"I 'd lick your leetle boy Dominique,
I 'd lick heem till he 's cryin' purty hard,
An' for fear he 's gettin' spile, I 'd geev' heem castor ile,
An' I would n't let heem play outside de yard."
If you see ma leetle boy Dominique
Hangin' on to poor ole "Billy" by de tail,
W'en dat horse is feelin' gay, lak I see heem yesterday,
I s'pose you t'ink he 's safer on de jail?
W'en I 'm lightin' up de pipe on de evenin' affer work,
An' de powder dat young rascal's puttin' in,
It was makin' such a pouf, nearly blow me t'roo de roof
W'at 's de way you got of showin' 't was a sin?
"Wall! I put heem on de jail right away,

You may bet de wan is got de beeges' wall!
A honder foot or so, w'ere dey never let heem go,
Non! I would n't kip a boy lak dat at all."
Dat 's good advice for sure, very good,
On de cellar, bread an' water it 'll do,
De nice sweet castor ile geev' heem ev'ry leetle w'ile,
An' de jail to finish up wit' w'en he 's t'roo!
Ah! ma frien', you never see Dominique,
W'en he 's lyin' dere asleep upon de bed,
If you do, you say to me, "W'at an angel he mus' be,
An' dere can't be not'ing bad upon hees head."
Many t'ank for your advice, an' it may be good for some,
But de reason you was geev' it is n't very hard to seek
Yass! it 's easy seein' now w'en de talk is over, how
You dunno ma leetle boy Dominique?

Home

"Oh! Mother the bells are ringing as never they rang before,
And banners aloft are flying, and open is every door,
While down in the streets are thousands of men I have never seen
But friendly are all the faces—oh! Mother, what can it mean?"
"My little one," said the mother, "for many long, weary years
Thro' days that the sunshine mocked at, and nights
that were wet with tears,
I have waited and watched in silence, too proud to speak, and now
The pulse of my heart is leaping, for the children have kept the vow.
"And there they are coming, coming, the brothers you never knew,
But, sightless, my ears would know them, so steady and firm and true
Is the tramp of men whose fathers trod where the wind blows free,
Over the heights of Queenston, and willows of Chateaugay.
"For whether it be a thousand, or whether a single man
In the calm of peace, or battle, since ever the race began,
No human eye has seen it—'t is an undiscovered clime,
Where the feet of my children's fathers have not stepped
and beaten time.
"The enemy at my threshold had boasted and jeered and cried
'The pledge of your offsprings' birthright your children
have swept aside
They cumber the land of strangers, they dwell in the alien's tent
Till "home" is a word forgotten, and "love" but a bow unbent.
"'Planners and builders of cities (were ever such men as these?),
Counsellors, guides, and moulders of the strangers' destinies
Conquerors, yet are they conquered, and this is the word and sign,
You boast of their wise seed-sowing, but the harvest they reap is mine.'
"Ah! little the stranger knew me—his mocking but friendly foe,
The youngest mother of nations! how could the stranger know
The faith of the old grey mother,—her sorrows and hopes and fears?
Let her speak when her sons are tested, like mine,
for a thousand years!
"Afar in the dim savanna when the dawn of the spring is near,

What is it wakes the wild goose, calling him loud and clear?
What is it brings him homeward, battered and tempest-torn?
Are they weaker than birds of passage, the children whom I have borne?
"Nay! the streets of the city tremble with the tread
that shakes the world,
When the sons of the blood foregather, and
the mother flag flies unfurled
Brothers are welcoming brothers, and the voices that pierce the blue
Answer the enemy's taunting and the children of York are true!
"Wanderers may be, traitors never! By the scroll
of their fathers' lives!
The faith of the land that bore them, and the honour of their wives!
We may lose them, our own strong children, blossom and root and stem
But the cradle will be remembered, and home is aye home to them!"

Canadian Forever

When our fathers crossed the ocean
In the glorious days gone by,
They breathed their deep emotion
In many a tear and sigh
Tho' a brighter lay before them
Than the old, old land that bore them
And all the wide world knows now
That land was Canada.
So line up and try us,
Whoever would deny us
The freedom of our birthright
And they 'll find us like a wall
For we are CanadianCanadian forever,
Canadian foreverCanadian over all.
Our fathers came to win us
This land beyond recall
And the same blood flows within us
Of Briton, Celt, and Gaul
Keep alive each glowing ember
Of our sireland, but remember
Our country is Canadian
Whatever may befall.
So line up and try us,
Whoever would deny us
The freedom of our birthright
And they 'll find us like a wall
For we are Canadian, Canadian forever,
Canadian forever-Canadian over all.
Who can blame them, who can blame us
If we tell ourselves with pride
How a thousand years to tame us
The foe has often tried
And should e'er the Empire need us,

She'll require no chains to lead us,
For we are Empire's children
But Canadian over all.
Then line up and try us,
Whoever would deny us
The freedom of our birthright
And they 'll find us like a wall
For we are Canadian, Canadian forever,
Canadian foreverCanadian over all!

Twins

I congratulate ye, Francis,
And more power to yer wife
An' from Montreal to Kansas,
I could safely bet my life
Ye wor proud enough, I hould ye
Runnin' with the safety pins
Whin ould Mrs. Dolan tould ye,
"Milia murther! she has twins!"
Ye might kill me without warnin'
Lay me out there on the shelf
For a sight of ye that mornin',
Throwin' bookays at yerself!
Faix! ye thought ye had a cinch there,
An' begob! so well ye might,
For not even with the Frinch there,
Twins like thim come every night!
Francis, aisy now an' listen
To yer mother's brother James
Whin the twins ye go to christen,
Don't ye give thim fancy names
IreneEdithGladysMavis
Cecil Rhodes an' Percival
If it 's names like that, Lord save us!
Don't live close to the canal!
Michael Whalen of St. Lambert
Had a boy some years ago
Called him Clarence Montizambert
Where he got it I dunno
Monty used to have a brother
(He was Marmaduke Fitzjames),
Killed himself some way or other
Thryin' to pronounce his names!
Bet was three times in a minute,

An' he thrained hard for the same,
But the lad was never in it
Tho' they tell me he died game!
Well, sir! Monty grew the height of
Fin McCool or Brian Boru
Truth I 'm tellin', but in spite of
Ev'rything poor Mike could do
Divil a dacint situation
Monty got, but dhrive a hack,
At the Bonaventure station
'T was the name that kept him back
Till his friend, John Reilly, tould him,
"Change the haythen name for Pat"
Pathrick Joseph now behould him
Walkin' dillygate! think o' that!
So be careful, Master Francis,
An' ye 'll bless yer uncle James
Don't be takin' any chances
With thim God-forsaken names!

Keep Out of the Weeds

No smarter man you can never know
W'en I was a boy, dan Pierre Nadeau,
An' quiet he 's too, very seldom talk,
But got an eye lak de mountain hawk,
See all aroun' heem mos' ev'ryw'ere,
An' not many folk is foolin' Pierre.
Offen I use to be t'inkin'me
How on de worl' it was come to be
He know so moche, w'en he never go
On college or school, ole Pierre Nadeau,
Feesh on de reever de summer t'roo,
An' trap on de winterdat 's all he do.
"Hi! boyHi! put your book away,
An' come wit' your uncle Pierre to-day,
Ketch hol' of de line an' hang on tight,
An' see if your moder won't cook to-night
Some nice fresh feesh for de familee,"
Many a tam he was say to me
An' den I 'm quiet, too scare to spik,
Wile Pierre he paddle me down de crick,
Easy an' nice he mak' her go
Close to de shore w'ere de bulrush grow,
W'ere de pike an' de beeg feesh lak to feed,
Deir nose stickin' out w'ere you see de weed
"Lissen, ma boy," say Pierre Nadeau,
"To some of de t'ing you ought to know:
Kip a lookout on de hook an' line,
In case dey 're gettin' too far behin';
For it 's purty hard job know w'at to do,
If de reever weed 's ketchin' hol' of you.
"But if you want feesh, you mus' kip leetle close,
For dat 's w'ere de beeg feller come de mos',
Not on de middle w'ere water 's bare,

But near to de rushes over dere,
'Cos dat was de spot dey alway feed
All de sam' you got to look out for weed.
"Ho! Ho! a strike! let heem have it now
Gosh! ain't he a'kickin' heem up de row,
Pullin' so hard, never min', ma son,
W'en he go lak dat he was nearly done,
But he 's all right now, so don't be afraid,
Jus' hit heem again wit' de paddle blade.
"Yass! over an' over, it 's good advice,
An' me, I know, for I pay de price
On w'at you call compoun' interes' too,
For larnin' de lesson I geev' to you,
Close as you lak, but, ma boy, tak' heed
You don't run into de beeg long weed.
"An' by an' by w'en you 're growin' up,
An' mebbe drink of de black, black cup
Of trouble an' bodder an' dunno w'at,
You 'll say to you'se'f, 'Wall! I forgot
De lesson ole Pierre he know I need,'
W'en he say to me, 'Boy, look out for weed'
"For de worl 's de sam' as de reever dere,
Plaintee of weed lyin' ev'ryw'ere,
But work aroun' or your life is gone,
An' tak' some chance or you won't get on,
For if you don't feesh w'ere de weed is grow,
You 'll only ketch small leetle wan or so
"Dere 's no use sayin', 'I 'll wait an' see
If some of dem feesh don't come to me,
I 'll stay outside, for it 's pleasan' here,
W'ere de water 's lookin' so nice an' clear,'
Dat 's way you 'll never get w'at you need
Keep feeshin' away, but look out for weed."

Dat was de lesson ole Pierre Nadeau

Tell to me offen, so long ago
Poor ole Pierre! an' I 'm tryin' too,
Tak' hees advice, for I know it 's true,
But far as it goes we 're all de same breed,
An' it 's not so easy kip out de weed.

The Holy Island

Dey call it de Holy Islan'
W'ere de lighthouse stan' alone,
Lookin' across w'ere de breaker toss,
Over de beeg grey stone;
Dey call it de Holy Islan,'
For wance, on de day gone by,
A holy man from a far-off lan'
Is leevin' dere, till he die.
Down from de ole, ole people,
Scatter upon de shore,
De story come of Fader Jerome,
De pries' of Salvador
Makin' hees leetle house dere,
Wit' only hees own two han',
Workin' along, an' singin' de song
Nobody understan'.
"All for de ship an' sailor
Out on de stormy sea,
I mak' ma home," say Fader Jerome,
"W'ere de rock an' de beeg wave be
De good God up on de Heaven
Is answer me on de prayer,
An' bring me here, so I'll never fear,
But foller heem ev'ryw'ere!"
Lonely it was, dat islan',
Seven league from de coas',
An' only de cry, so loud an' high,
Of de poor drown sailors' ghos'
You hear, wit' de screamin' sea gull;
But de man of God he go
An' anchor dere, an' say hees prayer
For ev'rywan here below.
Night on de ocean 's fallin',

Deep is de fog, an' black,
As on dey come, to deir islan' home,
De sea-bird hurryin' back;
W'at is it mak' dem double
An' stop for a minute dere,
As if in fear of a soun' dey hear,
Meetin' dem on de air?
Sweeter dey never lissen,
Magic it seem to be,
Hangin' aroun', dat wonderful soun',
Callin' across de sea;
Music of bell 's widin it,
An' foller it on dey go
High on de air, till de islan' dere
Of Salvador lie below.
Dat 's w'ere de bell 's a-ringin'
Over de ocean track,
Troo fog an' rain an' hurricane,
An' w'enever de night is black;
Kipin' de vow he 's makin',
Dat 's w'at he 's workin' for,
Ringin de bell, an' he do it well,
De Fader of Salvador!
An' de years go by, an' quickly,
An' many a sailor's wife
She 's prayin' long, an' she 's prayin' strong
Dat God he will spare de life
Of de good, de holy Fader,
Off w'ere de breakers roar,
Only de sea for hees companie,
Alone on Salvador.

Summer upon de islan

Quiet de sea an' air,
But no bell ring, an' de small bird sing,
For summer is ev'ryw'ere;
A ship comin' in, an' on it
De wickedes' capitaine
Was never sail on de storm, or gale,
From here to de worl's en'!
"Geev' me dat bell a-ringin'
For not'ing at all, mon père;
Can't sleep at night, w'en de moon is bright,
For noise she was makin' dere.
I'm sure she was never chrissen,
An' we want no heretic bell;
W'ere is de book? For you mus' look
An' see if I chrissen it well!"
Leevin' heem broken-hearted,
For Fader Jerome is done,
He sail away wit' de bell dat day,
Capitaine Malcouronne;
An' down w'ere dead man 's lyin',
Down on de ocean deep,
He sink it dere, w'ile he curse an' swear,
An' tole it to go to sleep.
An' t'ree more year is passin',
An' now it 's a winter night:
Poor Salvador, so bles' before,
Is sittin' among de fight
Of breaker, an' sea-bird yellin',
An' noise of a tousan' gun,
W'en troo de fog, lak a dreefin' log,
Come Capitaine Malcouronne!
Gropin' along de sea dere,
Wonderin' w'ere he be,

Prayin' out loud, before all de crowd
Of sailor man on hees knee;
Callin' upon de devil,
"Help! or I 'm gone!" he shout;
"Dat bell it go to you down below,
So now you can ring me out
"To de open sea, an' affer
I promise you w'at I do,
Yass, ev'ry day I 'll alway pray
To you, an' to only you
Kip me in here no longer,
Or de shore I won't see again!"
T'ink of de prayer he 's makin' dere,
Dat wicked ole capitaine!
An' bell it commence a-ringin',
Quiet at firse, an' den
Lak tonder crash, de ship go smash,
An' w'ere is de capitaine?
An' de bell kip ringin', ringin',
Drownin' de breakers' roar,
An' dere she lie, w'ile de sea-birds cry,
On de rock of Salvador.

The Rivière des Prairies

I see de many reever on de State an' ev'ryw'ere,
From Maine to California, New York to Michigan,
An' wan way an' de oder, I tell you I don't care;
I travel far upon dem as moche as any man
But all de t'ousan' reever I was never pass along,
For w'at dey call de beauty, from de mountain to de sea,
Dere 's wan dat I be t'inkin,' de wan w'ere I belong,
Can beat dem all, an' easy, too, de Rivière des Prairies!
Jus' tak' de Hudson Reever, an' de Mississippi too,
Missouri, an' de res' of dem, an' oders I can't t'ink,
Dey 're all beeg, dirty places, wit' de steamboat gruntin' troo,
An' de water runnin' in dem is black as any ink,
An' de noises of dem reever never stoppin' night or day,
An' de row along de shore, too, enough to mak' you scare;
Not a feesh is wort' de eatin', 'less you 're starvin by de way,
An' you 're feeling purty t'orsty if you drink de water dere!
So ketch de han' I geev' you w'ile I 'm on de humor now,
An' I bet you won't be sorry w'en you go along wit' me,
For I show you all aroun' dere, until you 're knowin' how
I come so moche to bragmeon de Rivière des Prairies.
It 's a cole October mornin', an' de maple leaf is change
Ev'ry color you can t'ink of, from de purple to de green;
On de shore de crowd of blackbird, an' de crow begin' arrange
For de journey dey be takin' w'en de nort' win's blowin' keen.
Quick! down among de bushes!don't you hear de wil' goose cry
An' de honk de great beeg gander he was makin' up above?
On de lake dey call Two Mountain is de place dey 're goin' fly,
But only spen' de night-tam, for dey 're alway on de move;
Jus' see de shadder dancin' up an' down, up an' down,
You t'ink dem geese was passin' in an' out between de tree
W'en de branch is bendin' over on de water all aroun'
Now you see de place I 'm talkin', dat 's de Rivière des Prairies!
Missouri! Mississippi! better wait till you go back

No tam for talk about dem w'en dis reever you can see,
But watch de cloud a-sailin' lak a racer on de track,
An' lissen to de music of de Rivière des Prairies
An' up along de shore dere, don't you envy Bord à Plouffe?
Oh! dat's de place is lucky, have de reever come so near
I 'm knowin' all de people, ev'ry chimley, ev'ry roof,
For Bord à Plouffe she never change on over feefty year!
St. Martin's bell is ringin', can't you hear it easy now?
Dey 're marryin' or buryin' some good ole frien' of me,
I wonder who it can be, don't matter anyhow,
So long as we 're a-lookin' on de Rivière des Prairies.
Only notice how de sun shine w'en he's comin' out to peep,
I 'm sure he 's leetle brighter dan anyw'ere you see,
An' w'en de fall is over, an' de reever 's gone to sleep,
De w'ites' snow is fallin' on de Rivière des Prairies!
I love you, dear ole reever, more dan ev'ry Yankee wan;
An' if I get de money, you will see me on de train,
Wit' couple o' t'ousan' dollar, den hooraw! it 's goodbye, John!
You can kill me if you ketch me leavin' Bord à Plouffe again.
But sometam it 'll happen dat a feller 's gettin' stop
Because he's comin' busy wit' de wife an' familee
No matter, if de good God he won't forget to drop,
Ev'ry day an' night, hees blessin' on de Rivière des Prairies!

The Wind that Lifts the Fog

Over de sea de schooner boat
Star of de Sout' is all afloat,
Many a fine brave feesherman
Sailin' away for Newfunlan';
Ev'ry feller from St. Malo,
Dem is de boy can mak' her go!
Tearin' along t'roo storm or gale,
Never sparin' an inch of sail
Down below w'en de night is come,
Out wit' de bottle an' t'ink of home,
Push it aroun' till bottle 's drain,
An' drink no more till we 're home again,
"Here 's to de win' dat lif' de fog,
No matter how she 's blowin',
Nort' or sout', eas' or wes',
Dat is de win' we love de bes',
Ev'ry sailor an' young sea dog,
Here 's to de win' dat lif' de fog
An' set de ship a-goin'."
Flyin' over de wave she go,
Star of de Sout' from St. Malo,
Never a tack, before she ran
Out on de bank of Newfunlan'
Drop de anchor, an' let her down,
Plaintee of comrade all aroun',
Feeshin' away till night is fall,
Singin' away wit' ev'ry haul,
"Here 's to de win' dat lif' de fog,
No matter how she 's blowin',
Nort' or sout', eas' or wes',
Dat is de win' we love de bes',
Ev'ry sailor an' young sea dog,
Here 's to de win' dat lif' de fog
An' set de ship a-goin'."

Star of de Sout'did you see de light

Steamin' along dat foggy night?
Poor leetle bird! anoder star
Shinin' above so high an' far
Dazzle you den, an' blin' de eye,
Wile down below on de sea you lie
Anchor derewit' your broken wing
How could you fly w'en de sailor sing
"Here 's to de win' dat lif' de fog
No matter how she 's blowin',
Nort' or sout', eas' or wes',
Dat is de win' we love de bes',
Ev'ry sailor an' young sea dog,
Here 's to de win' dat lif' de fog
An' set de ship a-goin'"?

The Fox Hunt

I'm all bus' up, for a mont' or two,
On account of de wife I got,
Wit' de fuss an' troublesome t'ing she do,
She 's makin' me sick a lot;
An' I 'm sorry dat woman was go to school
For larnin' de way to read,
Her fader an' moder is great beeg fool
For geevin' her more she need!
'Cos now it 's a paper ev'ry week,
Dollar a year, no less
Plaintee o' talkin' about musique,
An' tell you de way to dress;
Of course dat 's makin' her try to sing
An' dress, till it 's easy see
She 's goin' crazy about de t'ing
Dey 're callin' Societee.
Las' week, no sooner I come along
From market of Bonsecour,
Dan I 'm seein' right off, dere 's somet'ing wrong,
For she 's stannin' outside de door
Smilin' so sweetly upon de face,
Lookin' so nice an' gay
Anywan t'ink it 's purty sure case
She marry me yesterday.
Can't wait a minute till supper's t'roo
Before she commence to go
"Oh! Johnnie, dere 's somet'ing I mus' tole you
Somet'ing you lak to know
To-morrow we 're goin' for drive aroun'
An' it won't be de heavy load,
Jus' me an' you, for to see dem houn'
T'row off on de Bord à Plouffe road."
"Denise, if dat was de grande affaire

On w'at you call à la mode
Lookin' dem fox dog stannin' dere
T'row off on de Bord à Plouffe road,
You can count me out!" An' she start to cry
"You know very well," she say,
"I don't mean dat—may I never die
But you 're a beeg fool to-day!
"Johnnie, to-morrow you 'll come wit' me
Watchin' dem run de race,
Ketchin' de fox—if you don't, you see
We 're bote on de beeg disgrace.
Dey 're all comin' out from de reever side,
An' over from Beaurepaire,
Seein' de folk from de city ride,
An' ev'rywan 's sure be dere."
All right—an' to-morrow dere's two new shoe,
So de leetle horse mak' de show,
Out wit' de buggy: de new wan too,
Only get her ten year ago
An' dere on de road, you should see de gang
Of folk from aroun' de place,
Billy Dufresne, an' ole Champagne,
Comin' to see de race,
Wit' plaintee of stranger I never see,
An' some of dem from Pointe Claire,
All of dem bringin' de familee,
W'enever dere 's room to spare.
Wonderful sight—I 'm sure you say
To see how Societee
(W'atever dat mean?) she got de way
Of foolin' de w'ole contree.
Den I 'm heetchin' de horse on de fence, for fear
Somebody run away,
So man wit' de bugle he 's comin' near,
An' dis is de t'ing he say

"You see any fox to-day, ma frien',
Runnin' aroun' at all,
You know any place he got hees den?
For we lak it to mak' de call."
An' meI tell heem, "You mus' be wrong,
An' surely don't want to kill
De leetle red fox, about two foot long,
Dat 's leevin' below de hill;
Jompin' de horse till he break hees knee,
Wile spotty dog mak' de row,
For a five-dollar fox? You can't fool me
I know w'at you 're wantin' now!
"You hear de story of ole Belair,
He 's seein' de silver fox
W'enever he 's feeshin' de reever dere,
Sneakin' along de rocks."
But ma wife get madder I never see,
An' say, "Wall! you mus' be green
Shut up right away," she 's tellin' me,
"It 's de leetle red fox he mean!"
So meI say not'ing, but watch de fun—
An' spotty dog smell aroun'
Till dey start to yell, an' quick as a gun
Ev'rywan 's yellin', "Foun'!"
An' de way dey 're goin' across de fiel',
De lady in front, before,
Dunno, but I 'm willin' to bet good deal
Somebody mus' be sore!
Over de fence dey 're jompin' now,
Too busy for see de gate
Stannin' wide open, an' den dey plough
Along at a terrible rate;
All for de small red fox, dey say,
Only de leetle fox,
You 're buyin' for five dollar any day,

An' put heem on two-foot box.
I 'm foolish enough, but not lak dat
Never lak dat at all,
Sam' as you see a crazy cat
Tryin' to climb de wall;
So I say to ma wife, I 'm satisfy
On ev'ryt'ing I was see,
But happy an' glad, until I die,
I 'm not on Societee!
Losin' a day on de fall 's no joke,
Dat 's w'at I 'm tellin' you,
Jus' for de pleasure of see dem folk
Dress up on de howdy do;
So I 'm sorry you go to school,
Larnin' de readin' dere
Could do it mese'f, an' play de fool,
If money I got to spare.
But potatoes a dollar a bag,
An' easy to sell de load,
Watchin' de houn' to see heem wag
Hees tail, on de Bord à Plouffe road
Foolin' away w'en de market 's good
For seein' Societee
Chasin' de leetle fox t'roo de wood
Wit' crazy folk!no siree!

www.ingramcontent.com/pod-product-compliance
Lightning Source LLC
Chambersburg PA
CBHW081627100526
44590CB00021B/3640